sekolahan - sikolwa	2
perjalanan - kuhamba	5
angkutan - kwetfutsa	8
kutha - lidolobha lelikhulu	10
lanskap - libala	14
restoran - sitolo sekudla	17
supermarket - isuphamakethe	20
ombenan - tinatfo	22
panganan - kudla	23
kebon - lipulazi	27
omah - indlu	31
ruang tamu - indzawo yamabonakudze	33
pawon - likhishi	35
jedhing - likamelo lekugezela	38
kamar anak - likamelo lemntfwana	42
klambi - timphahla tekugcoka	44
kantor - lihhovisi	49
ekonomi - umnotfo	51
gawean - tikhundla	53
alat - emathulusi	56
alat musik - insimbi yemculo	57
kebon kewan - i-zoo	59
olahraga - temidlalo	62
kegiatan - imisebenti	63
keluarga - umndeni	67
awak - umtimba	68
griya sakit - sibhedlela	72
dharurat - simo lesiphutfumako	76
bumi - Umhlaba	77
jam - liwashi	79
minggu - liviki	80
tahun - umnyaka	81
wangun - kubumbeka kwetintfo	83
warna - imibala	84
kontras - lokwehlukile	85
angka - tinombolo	88
basa-basa - tilwimi	90
sapa / apa / piye - ngubani / ini / njani	91
neng endi - kuphi	92

Impressum
Verlag: BABADADA GmbH, Nedderfeld 112 , 22529 Hamburg
Geschäftsführer / Verlagsleitung: Harald Hof
Druck: Books on Demand GmbH, In de Tarpen 42, 22848 Norderstedt

Imprint
Publisher: BABADADA GmbH, Nedderfeld 112 , 22529 Hamburg, Germany
Managing Director / Publishing direction: Harald Hof
Print: Books on Demand GmbH, In de Tarpen 42, 22848 Norderstedt

sekolahan
sikolwa

- kelas / likilasi
- para hlukanisa
- blabag kanggo nulis libhodi
- latar sekolah / ligceke lesikolwa
- guru / thishela
- dluwang / liphepha
- nulis / bhala
- pen / ipeni
- meja / lideski
- garisan / i-ruler
- buku / incwadzi
- murid / umuntfu

tas sekolah

sikhwama setincwadzi tesikolwa

tepak potlot

sikhwanyana semapenisela

potlot

ipenisela

orotan potlot

umshini wekulolo ipenisela

setip

i-rubber

lemek nggambar

intfo yekudvweba

gambar
umdvwebo

kuwas
libhulashi lekupenda

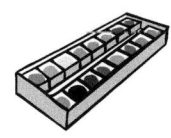

tepak cat nggambar
libhokisi lekupenda

gunting
tikelo

lem
i-glue

buku latihan soal
incwadzi yekutadisha

pakaryan omah
umsebenti wasekhaya

angka
inombolo

tambah
hlanganisa

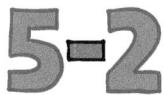

suda
susa

ping
phindzaphidza

itung
bala

aksara
incwadzi

abjad
feleba

tembung
ligama

sekolahan - sikolwa

teks
umbhalo

maca
fundza

kapur
ishogo

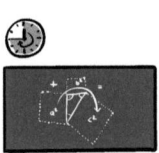

wulangan
sifundvo

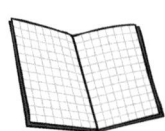

dhaptar
i-register

ujian
sivivinyo sekugcina

sertipikat
sitifiketi

sragam sekolah
timphahla tesikolwa

pendhidhikan
imfundvo

ensiklopedia
i-ensaklopheda

universitas
inyuvesi

mikroskop
sipopolo

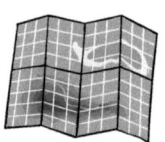

peta
libalave

kranjang larahan
libhakede lekulahla emaphepha

sekolahan - sikolwa

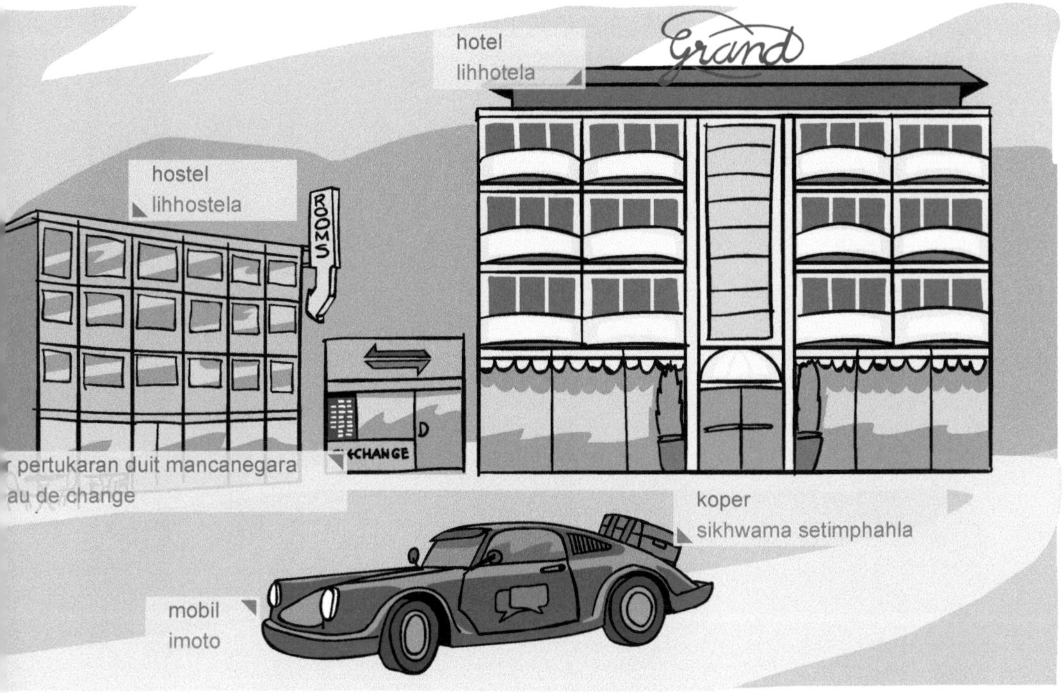

perjalanan
kuhamba

- hotel / lihhotela
- hostel / lihhostela
- pertukaran duit mancanegara / au de change
- koper / sikhwama setimphahla
- mobil / imoto

basa
lulwimi

iya / ora
yebo / cha

oke
Kulungile

halo
sawubona

juru basa
umhumushi

matur nuwun
Siyabonga

perjalanan - kuhamba

Piro regane ...?
ingumalini i....?

aku ora ngerti
angivisisi kahle

masalah
inkinga

Sugeng dalu!
Lishonile!

Sugeng enjang
Kusile!

Sugeng dalu!
Ulale kahle!

pareng
sala kahle

arah
sicondziso

koper
umtfwalo

tas
sikhwama

ransel
sikhwama lesigacwako

tamu
sivakashi

kamar
likamelo

kantong turu
sikhwama sekulala

tenda
lithende

informasi turis

imininingwane yetivakashi

pantai

ibhishi

kertu kredit

likhadi lemali

sarapan

kudla kwasekuseni

mangan awan

kudla kwasemini

mangan ing wayah bengi

kudla kwantsambama

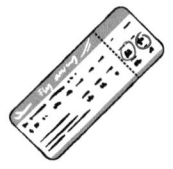

tiket

lithikithi

lift

i-lift

perangko

sitembu

watesan

umcele

cukai

emakhasimende

kedutaan

i-embasi

visa

i-visa

paspor

ipasipoti

perjalanan - kuhamba

angkutan
kwetfutsa

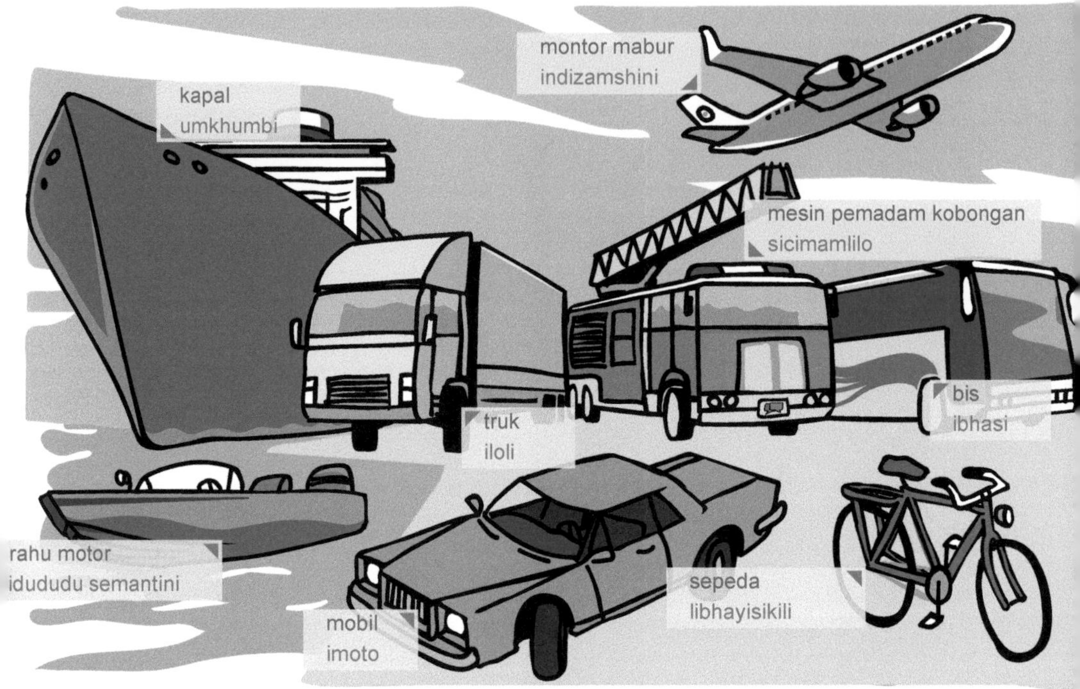

- montor mabur / indizamshini
- kapal / umkhumbi
- mesin pemadam kobongan / sicimamlilo
- bis / ibhasi
- truk / iloli
- rahu motor / idududu semantini
- sepeda / libhayisikili
- mobil / imoto

feri
i-ferry

perahu
sikebhe

sepeda motor
sidududu

mobil polisi
imoto yemaphoyisa

mobil balapan
imoto yemjaho

mobil sewa
imoto yekucashisa

sewa mobil

kubolekana imoto

truk derek

i-breadown

truk resek

iloli yetibi

motor

imoto

bensin

phethiloli

pom bensin

ligalaji laphethiloli

tanda dalan

luphawu lwemgwaco

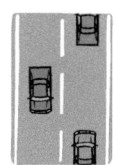

lalu lintas

incumbi yetimoto

macet

incumbi yetimoto letime emngwacweni

parkir mobil

ipaki yemoto

stasiun sepur

siteshi sesitimela

ril sepur

imizila

sepur

sitimela

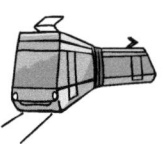

tram

i-tram

grobak

inkalishi

angkutan - kwetfutsa

helikopter
indiza lenaphephela emhlane

lapangan montor mabur
sikhungo setindiza

menara
imoto yekudvonsa letibhajiwe

penumpang
bagibeli

kontener
intfo yekutfwala

kerdhus
likhathoni

troli
i-cart

kranjang
bhasikidi

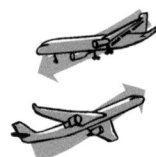
mabur / ndarat
kusuka / kwehla

kutha
lidolobha lelikhulu

desa
umuti

tengah kutha
ekhatsi nelidolobha

omah
indlu

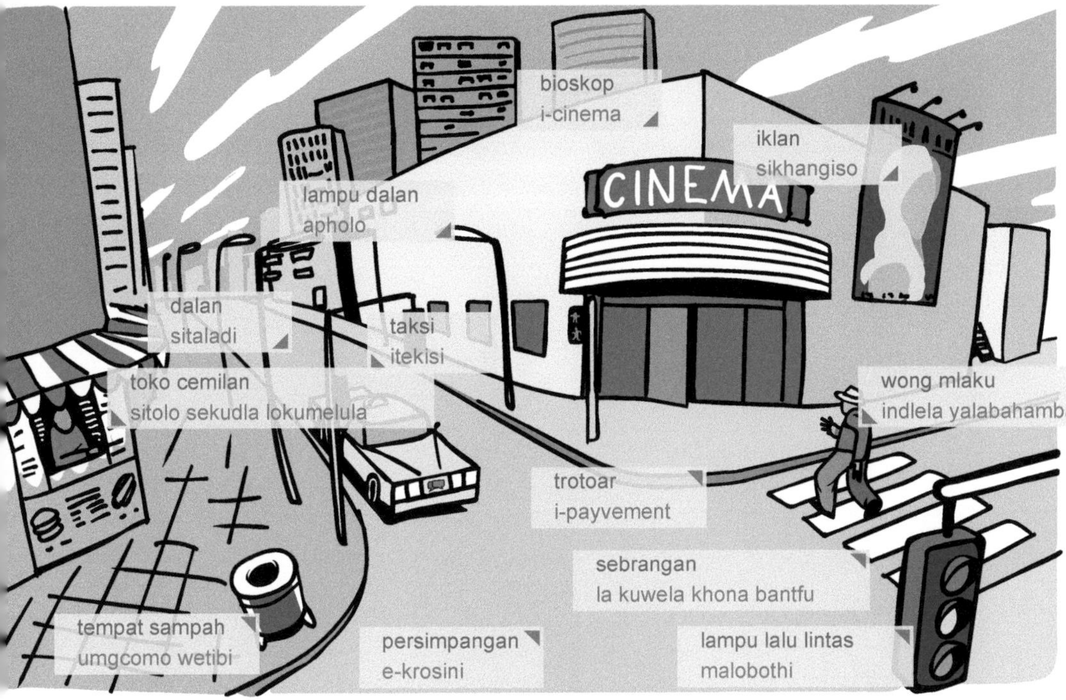

bioskop
i-cinema

iklan
sikhangiso

lampu dalan
apholo

dalan
sitaladi

taksi
itekisi

toko cemilan
sitolo sekudla lokumelula

wong mlaku
indlela yalabahamba

trotoar
i-payvement

sebrangan
la kuwela khona bantfu

tempat sampah
umgcomo wetibi

persimpangan
e-krosini

lampu lalu lintas
malobothi

gubuk
gucasthandaze

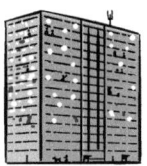

apartemen
lifulethi

stasiun sepur
siteshi sesitimela

bale kutha
lihholwa lasedolobheni

museum
imnyusiyamu

sekolahan
sikolwa

kutha - lidolobha lelikhulu

 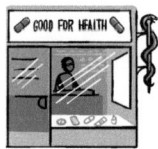 

universitas	bank	griya sakit
inyuvesi	libhange	sibhedlela

hotel	apotek	kantor
lihhotela	ikhemisi	lihhovisi

toko buku	toko	toko kembang
sitolo setincwadzi	sitolo	lotsengisa timbali

supermarket	pasar	toko sarwa ana
isuphamakethe	imakethe	litiko letitolo

toko iwak	mal	pelabuhan
batsengisi betimfishi	luchungechuge lwetitolo	sikhungo

kutha - lidolobha lelikhulu

taman
lipaki

bangku
libhentji

tretek
libhuloho

andha
titezi

metro
ngephansi kwemhlaba

trowongan
umhume

halte bis
siteshi sebhasi

bar
sitolo setjwala

restoran
sitolo sekudla

kotak surat
libhokisi leliposi

pratandha dalan
luphawu lwemgwaco

meteran parkir
umshini lobala sikhatsi sekupaka

kebon kewan
i-zoo

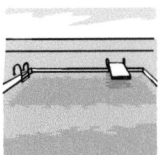
kolam renang
i-swimming pool

masjid
lisontfo lemasulumane

kutha - lidolobha lelikhulu

kebon
lipulazi

polusi
kugcolisa umoya

kuburan
emathuna

greja
lisontfo

panggon dolanan
inkhundla yetemidlalo

candi
lithempeli

lanskap
libala

godong
licembe

plang
luphawu lwemgwaco

dalan
indlela

beran
umshiya

watu
litje

uwit
sihlahla

wong munggah
lohamba indlela lendze ngetinyawo

kali
umfula

suket
tjani

kembang
imbali

lanskap - libala

lembah
sihosha

bukit
ligcuma

tlogo
lidanyana

alas
lihlatsi

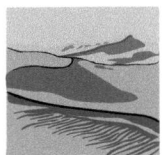
ara-ara
lihlane

gunung geni
intsabamlilo

keraton
umhlambi wetinkhomo

kluwung
umushi wenkhosatane

jamur
likhowa

uwit palem
sihlahla semphayini

lemut
imbuzulwane

laler
kundiza

semut
intfutfwane

tawon
inyosi

angga-angga
sayobi

lanskap - libala

kumbang

inkhubabulongo

kodok

sicoco

bajing

chakijane

landhak

ingungumbane

truwelu

lolunye luhlobo lwalogwaja

manuk dares

sikhova

manut

inyoni

banyak

i-swan

celeng

ingulube yesiganga

kidang

inyamatane

menjangan

i-moose

bendungan

lidamu

turbin angin

i-wind turbine

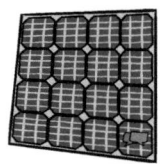

panel srengenge

i-solar panel

iklim

simo selitulu

lanskap - libala

restoran
sitolo sekudla

laden / waiter

menu / luhla lwekudla

kursi / situlo

sop / lisobho

pizza / i-pizza

alat mangan / tipuni imimese netimfologo

taplak meja / indvwangu yelitafula

hidangan pambuka
kudla lokusicalo

menu utama
kudla locinile

hidangan penutup
idizethi

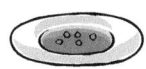

ombenan
tinatfo

panganan
kudla

gendul
libhodlela

restoran - sitolo sekudla

panganan instan
kudla lokusheshako

jajan cemilan
kudla kwasemngwacweni

ceret teh
ligedlela lelitiye

kaleng gula
indishi yashukela

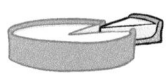

porsi
incenye

mesin espresso
umshini we-espresso

kursi duwur
situlo lesiphakeme

tagihan
ibhili

baki
li-tray

lading
umukhwa

sendok garpu
imfologo

sendok
sipuni

sendok teh
sipuni lesincane

serbet
ithishu yetandla

gelas
ligilasi

restoran - sitolo sekudla

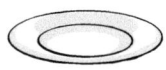
piring
lipuleti

piring sop
lipuleti lelisobho

lepek
lipringi

duduh
i-sauce

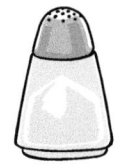
gendul uyah
libhodvo lasawoti

bubuk mrico
i-pepper mill

cuka
niniga

lenga
emafutsa awoyela

bumbon
tipayisi

saos tomat
i-ketchup

mustar
i-mustard

mayones
mayonasi

restoran - sitolo sekudla

supermarket
isuphamakethe

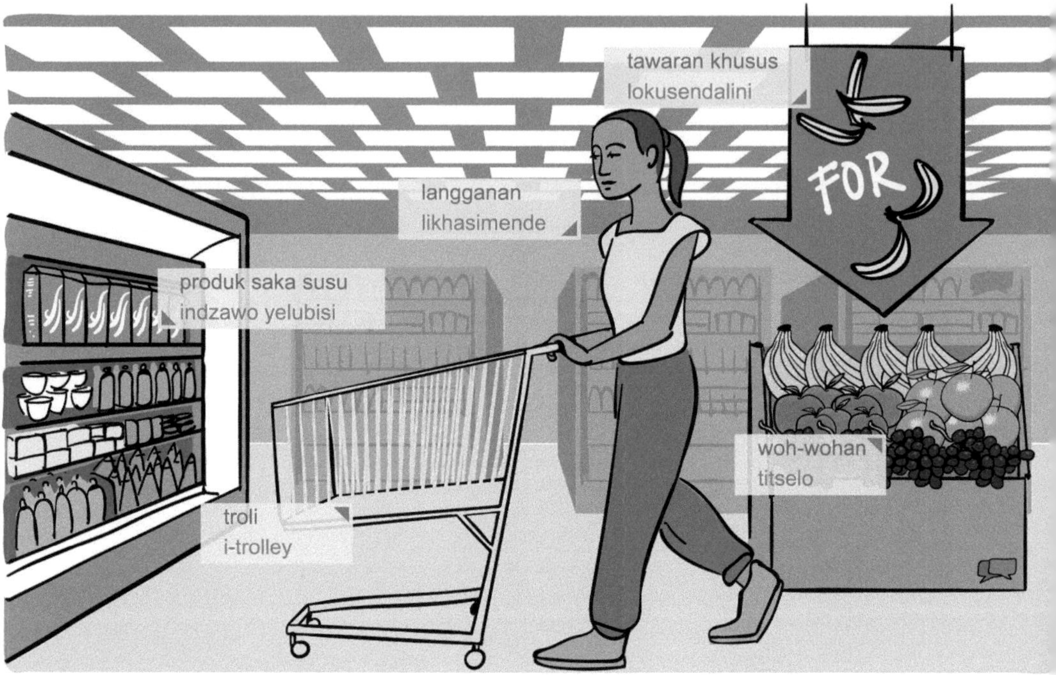

tawaran khusus
lokusendalini
FOR
langganan
likhasimende
produk saka susu
indzawo yelubisi
woh-wohan
titselo
troli
i-trolley

BUTCHERS

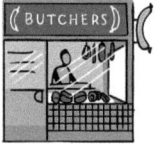

toko daging

ibhushari

BAKERY

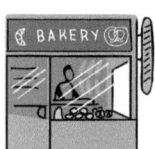

toko roti

i-baker

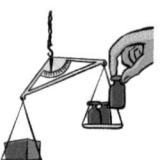

nimbang

kala

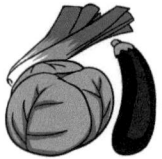

janganan

tibhidvo

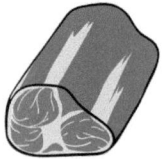

daging panggang

inyama

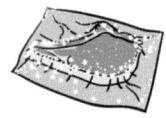

panganan beku

kudla lokucandzisiwe

|  |  |

irisan daging — inyama lebandzako

panganan kaleng — kudla likusemathinini

deterjen — insipho yekuwasha

permen — emaswidi

produk reresik omah — tintfo tasekhaya

produk reresik — imitsi yekukolobha

bakul — umuntfu lotsengisako

mesin kasir — endzaweni yekubhadala

kasir — umtsengisi

daftar blanja — hla lwetintfo tekutsengwa

jam buka — ema-awa ekuvula

dompet — sipatji

kertu kredit — likhadi lemali

tas — sikhwama

tas kresek — sikhwama seshekhasi

supermarket - isuphamakethe

ombenan
tinatfo

 banyu / emanti

 jus / ijuzi

 susu / lubisi

 ombenan kanthi karbon / ikhokhi

 anggur / liwani

 bir / ibhiya

 alkohol / tjwala

 coklat / ikhokho

 teh / litiye

 kopi / likhofi

 espresso / i-espresso

 cappuccino / i-cappuccino

panganan
kudla

gedhang
bhanana

apel
lihhabhula

jeruk
liwolintji

semangka
melon

jeruk lemon
ilemoni

wortel
emavondlela

bawang
galiki

pring
i-bamboo

bawang
anyanisi

jamur
emakhowa

kacang
emantongomane

bakmi
ema-noodles

spageti
sipageti

sego
lilayisi

salad
isaladi

kentang goreng
emashibusi

kentang goreng
emazambane lafrayiwe

pizza
i-pizza

hamburger
i-burger

roti isi
isengwishi

daging irisan
inyama lefulawe netimvitsi tesinkhwa

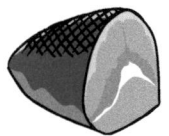
daging ham
i-ham

salami
isalami

sosis
livosi

pitik
inyama yenkhukhu

daging panggang
lokufrayiwe

iwak
imfishi

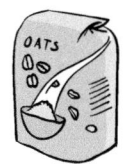
bubur gandum
i-oats

muesli
imusili

sereal jagung
ema-cornflakes

glepung
fulawa

croissant
ema-croissant

roti
sinkhwa

roti
sinkhwa

roti panggang
linkhwa lesithosiwe

biskuit
emabhisikidi

mertega
bhotela

dadih
i-curd

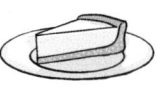
kue
likhekhe

endog
emacandza

endog goreng
emacandza lafulayiwe

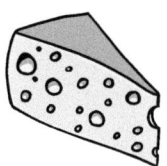
keju
ishizi

panganan - kudla

es krim
i-ice cream

gula
shukela

madu
luju

sele
jamu

krim nugat
shokolethi

kare
ikheri

panganan - kudla

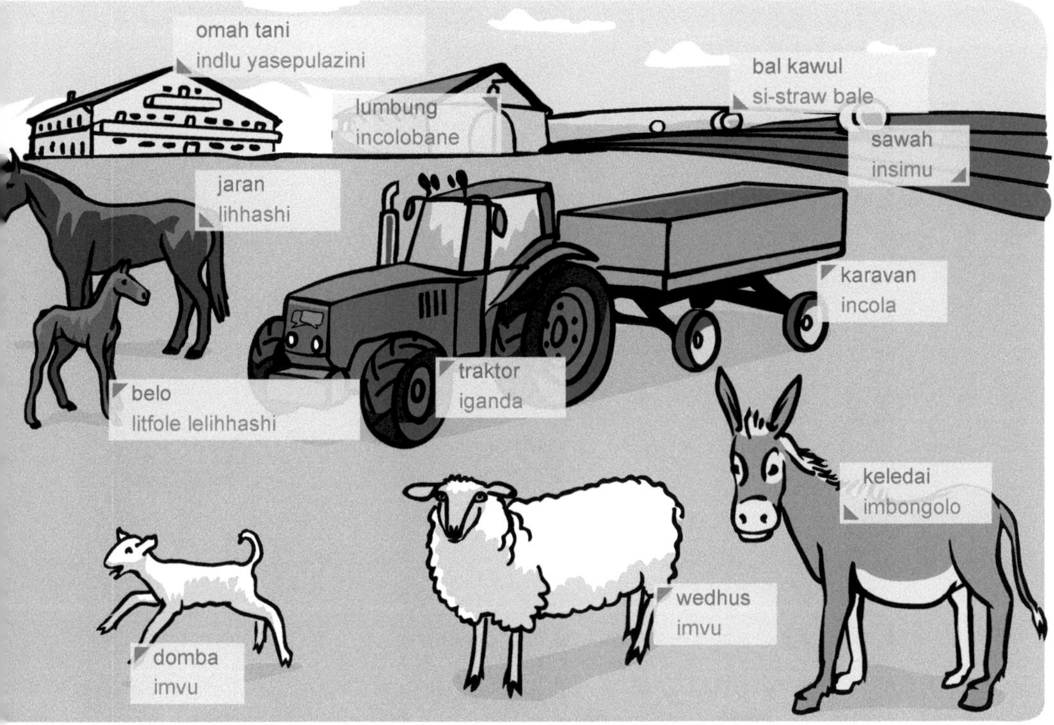

kebon
lipulazi

- omah tani / indlu yasepulazini
- lumbung / incolobane
- bal kawul / si-straw bale
- sawah / insimu
- jaran / lihhashi
- karavan / incola
- belo / litfole lelihhashi
- traktor / iganda
- keledai / imbongolo
- wedhus / imvu
- domba / imvu

wedhus
imbuti

sapi
inkhomo

pedhet
litfole

babi
ingulube

gambluk
ingulutjana

kebo
inkhunzi

kebon - lipulazi

banyak
lihansi

bebek
lidada

kuthuk
lintjwele

babon
sikhukhukati

jago
lichudze

tikus
ligundvwane

kucing
likati

tikus
ligundvwane lelincane

sapi
inkhunzi

asu
inja

kandang asu
indlu yenja

selang
liphayiphi lemanti asengadzini

gembor
libhakede lemanti

arit gede
i-scythe

waluku
likhuba leganda

arit gede
lisikela

pacul
likhuba

garu
imfologo yetjani

kapak
lizembe

grobak surung
libhala

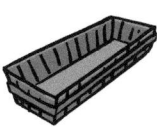
wadah pakan
litrofula

kaleng susu
iromkani

karung
lisaka

pager
ifenisi

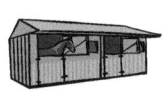
kandang
sitebele

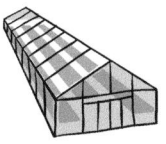
omah kaca
indlu leluhlata

lemah
umhlabatsi

wiji
imbewu

rabuk
sivundzisi

traktor panen
bavuni

manen
vuna

panen
sivuno

ubi
i-yams

gandum
likhula

kedelai
isoyi

kentang
lizambane

jagung
sibhuluja sembila

lobak
i-rapeseed

wit woh-wohan
sihlahla setitselo

telo
bhatata

sereal
ema-cereals

kebon - lipulazi

omah
indlu

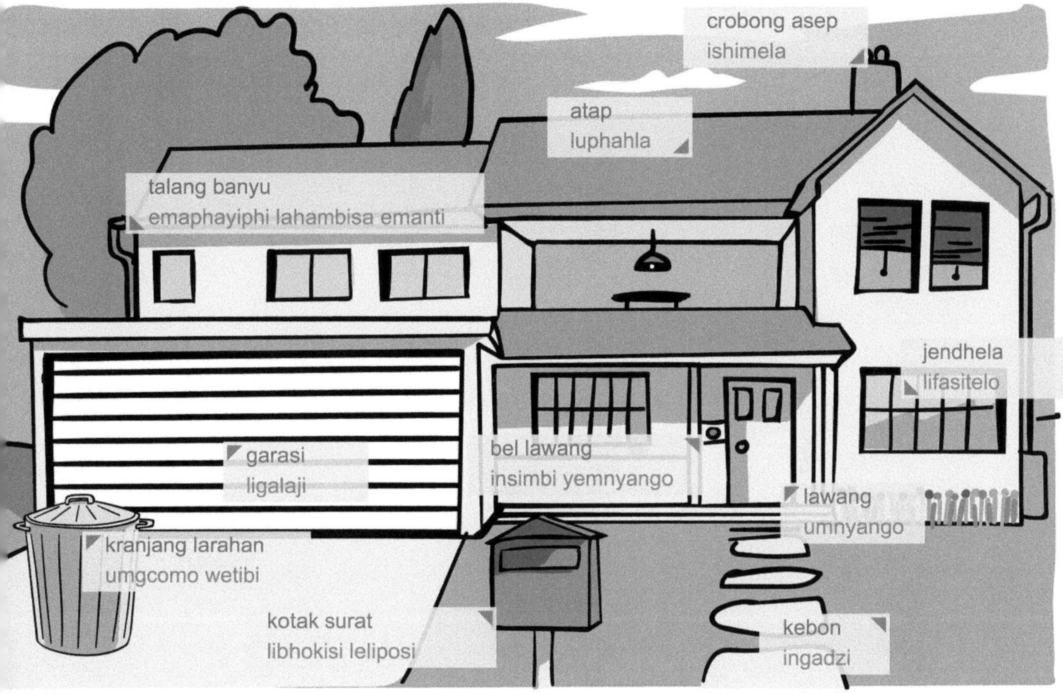

crobong asep
ishimela

atap
luphahla

talang banyu
emaphayiphi lahambisa emanti

jendhela
lifasitelo

garasi
ligalaji

bel lawang
insimbi yemnyango

lawang
umnyango

kranjang larahan
umgcomo wetibi

kotak surat
libhokisi leliposi

kebon
ingadzi

ruang tamu
indzawo yamabonakudze

jedhing
likamelo lekugezela

pawon
likhishi

kamar turu
likamelo

kamar anak
likamelo lemntfwana

kamar panedhaan
ligumbu lekudlela

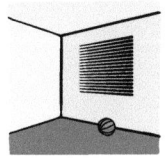

jobin
siyilo

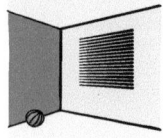

tembok
lubondza

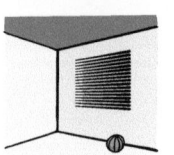

pyan
isilingi

gudhang ing njero lemah
i-cellar

sauna
i-sauna

balkon
umpheme

teras
libala

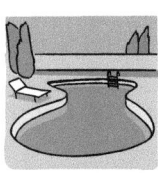

blumbang kanggo nglangi
lidamu lekududa

mesin kanggo motong suket
umshini wetjani

lembaran
lishidi

sprei
ibhedspredi

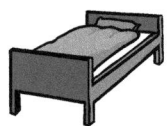

dipan
umbhedze

sapu
umshanelo

ember
libhakede

tombol
iswishi

omah - indlu

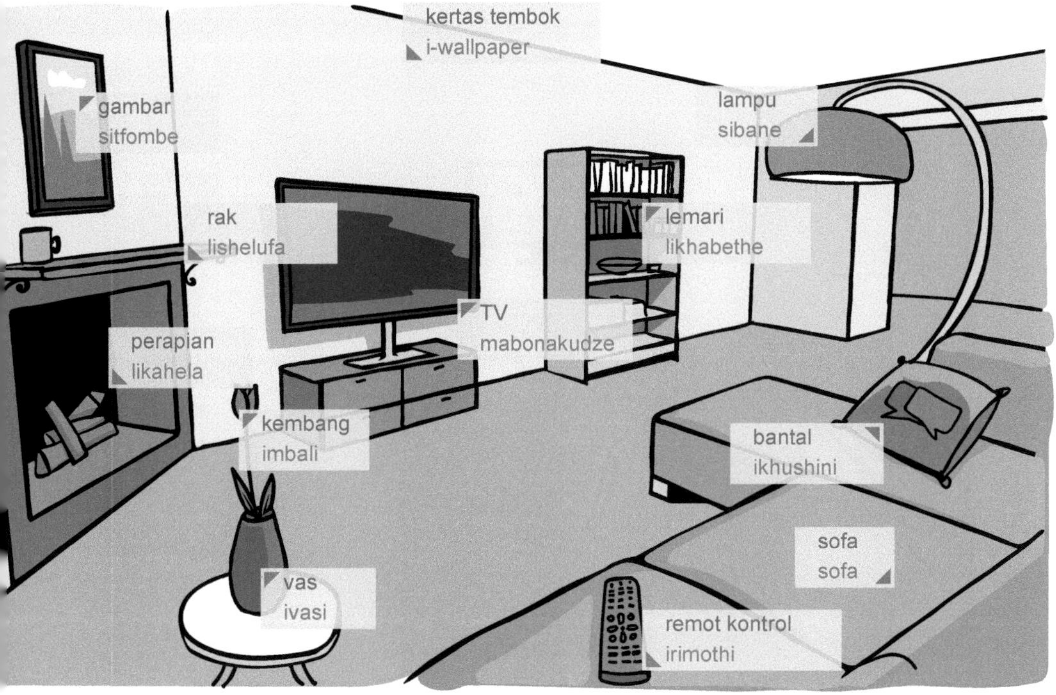

ruang tamu
indzawo yamabonakudze

- kertas tembok / i-wallpaper
- gambar / sitfombe
- lampu / sibane
- rak / lishelufa
- lemari / likhabethe
- perapian / likahela
- TV / mabonakudze
- kembang / imbali
- bantal / ikhushini
- vas / ivasi
- sofa / sofa
- remot kontrol / irimothi

karpet
imadi yendlu

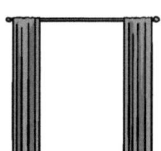

korden
likhetheni

meja
litafula

kursi
situlo

kursi goyang
situlo sangephandle

kursi tangan
situlosemikhono

buku
incwadzi

selimut
ingubo

dekorasi
umhlobiso

kayu bakar
tinkhuni tekubasa

film
lifilimu

hi-fi
igumbagumba

kunci
tikhiya

koran
liphephandzaba

lukisan
pende

poster
likhadi laselubondzeni

radio
iwayilensi

buku catetan
kwekutsa emaphuzu

penyedot lebut
i-hoover

kaktus
sitjalo lokutsiwa yi-cactus

lilin
likhandlela

ruang tamu - indzawo yamabonakudze

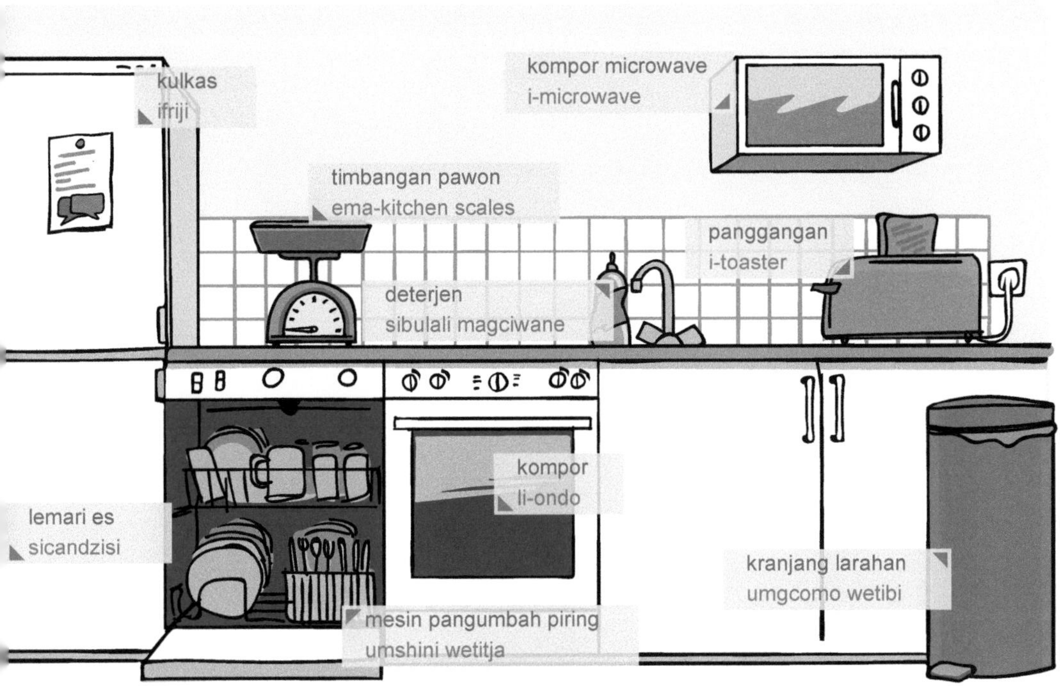

pawon
likhishi

- kulkas / ifriji
- kompor microwave / i-microwave
- timbangan pawon / ema-kitchen scales
- panggangan / i-toaster
- deterjen / sibulali magciwane
- kompor / li-ondo
- lemari es / sicandzisi
- kranjang larahan / umgcomo wetibi
- mesin pangumbah piring / umshini wetitja

kompor
umpheki

panci
libhodvo

panci wesi
i-cast-iron pot

wajan
i-wok / kadai

wajan
lipani

ceret
ligedlela

	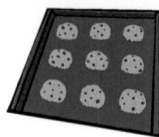	
kukusan i-steamer	loyang lipani lekubhaka	pecah belah i-crockery

mug imagi	mangkok indishi	sumpit tindvukwana tekujuba

irus i-landle	solet si-spatula	udeg i-whisk

ayakan i-strainer	saringan i-sieve	parutan i-grater

lumpang i-mortar	panggangan i-barbecue	geni umlilo lovulekile

pawon - likhishi

telenan
libhodi lekujuba kudla

gilingan adonan
i-rolling pin

kotrek
i-corkscrew

kaleng
likani

bukaan kaleng
lithulusi lekuvala likani

cempal
intfo yekubeka emabhodvo

wastafel
izinki

sikat
libhulashi

sepon
sipontji

blender
i-blender

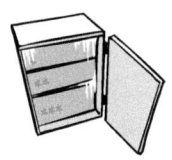

kulkas
i-deep freezer

gendul bayi
libhodlela lemntfwana

kran
impompi

jedhing
likamelo lekugezela

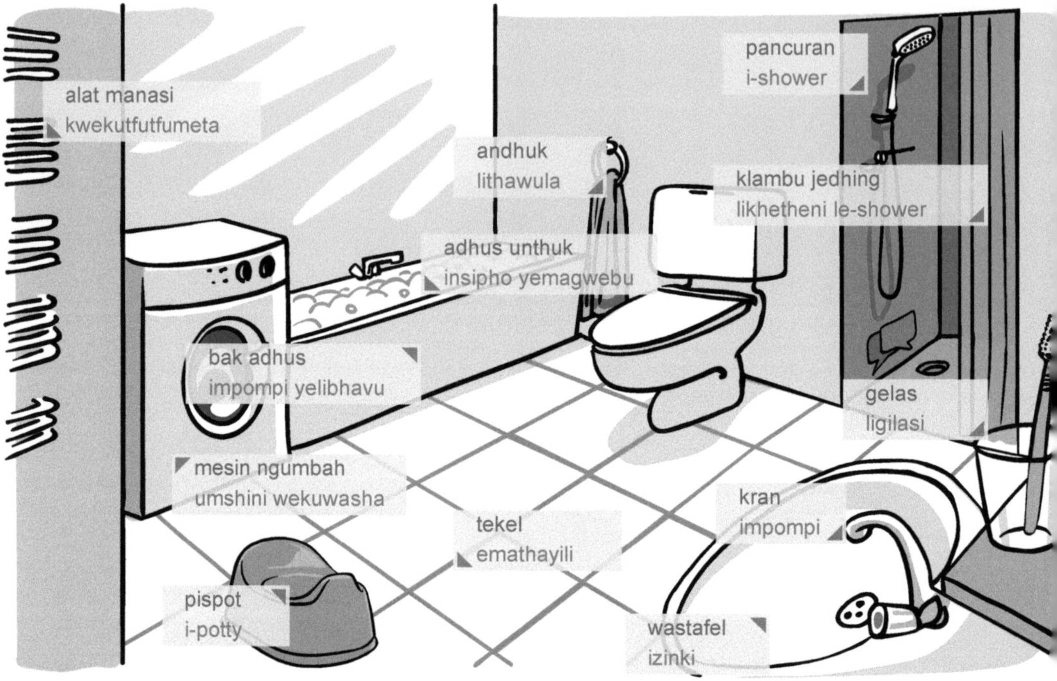

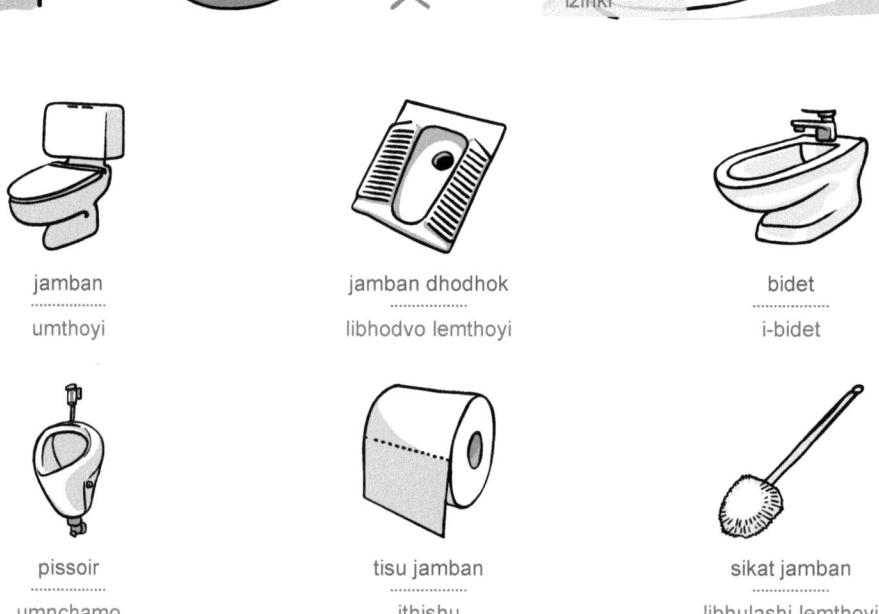

- alat manasi / kwekutfutfumeta
- andhuk / lithawula
- pancuran / i-shower
- adhus unthuk / insipho yemagwebu
- klambu jedhing / likhetheni le-shower
- bak adhus / impompi yelibhavu
- mesin ngumbah / umshini wekuwasha
- tekel / emathayili
- gelas / ligilasi
- pispot / i-potty
- kran / impompi
- wastafel / izinki

| jamban | jamban dhodhok | bidet |
| umthoyi | libhodvo lemthoyi | i-bidet |

| pissoir | tisu jamban | sikat jamban |
| umnchamo | ithishu | libhulashi lemthoyi |

jedhing - likamelo lekugezela

sikat untu
libhulashi lematinyo

odol
insipho yematinyo

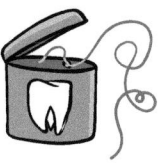

bolah untu
intsambo yekuhlanta ematinyo

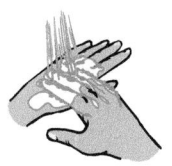

ngumbahi
washa

gagang shower
liphayiphu le-shower lelibanjwa ngetandla

pancuran
i-douche

baskom
i-basin

sikat geger
libhulashi lemgogodla

sabun
insipho lecinile

gel pancuran
i-gel ye-shower

sampo
insipho yemagwebu

hem
i-flannel

nguras
kwekuhambisa emanti

krim
i-cream

deodoran
emakha emakhwapha

jedhing - likamelo lekugezela

pangilon	koco tangan	silet
sibuko	sibuko lesincane	i-razor
		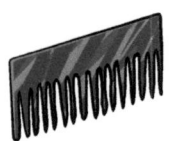
umpluk cukur	aftershave	jungkat
emagwebu ekushefa	kwegcobisa ngemuva kwekushefa	i-comb

sikat untu	hairdryer	hairspray
libhulashi	kwekomisa tinwele	kwekufutsa tinwele

dandanan	gincu	kuteks
kwekutimomonya	i-lipstick	pende wetingalo

kapas	gunting kuku	parfum
i-cotton wool	sikelo setingalo	emakha

kantong adhus
ikhwama setintfo tekugeza

dingklik
situlo

timbangan
sikali sesisindvo

bah kanggo sawise adhus
kwekugcoka nawugeza

sarung karet
emagilavu e-rubber

tampon
i-tampon

pembalut
lithawula lekuhlanta

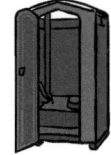
jamban nganggo bahan kimia
imitsi yekukolobha umthoyi

jedhing - likamelo lekugezela

kamar anak
likamelo lemntfwana

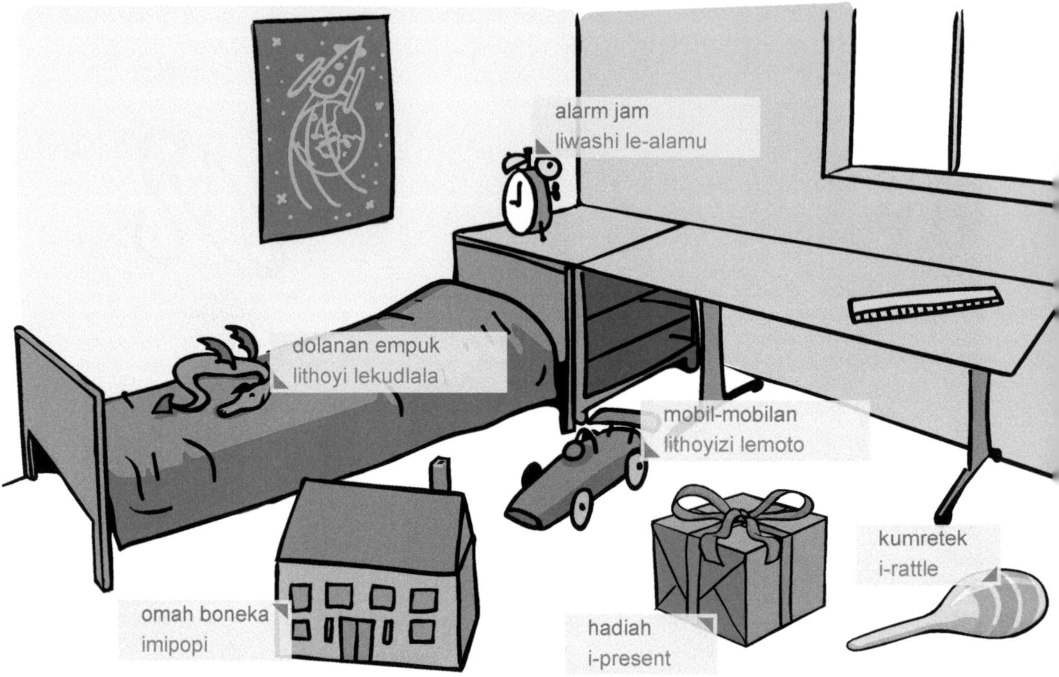

alarm jam
liwashi le-alamu
dolanan empuk
lithoyi lekudlala
mobil-mobilan
lithoyizi lemoto
kumretek
i-rattle
omah boneka
imipopi
hadiah
i-present

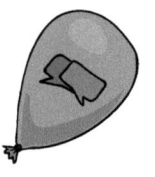

balon

ibhaluni

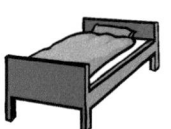

dipan

umbhedze

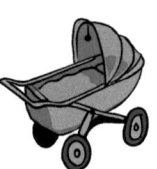

kreto bayi

ipram

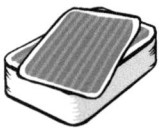

meja kertu

emakhadi ekudlala

teka-teki

i-jigsaw

SUPER MEGA

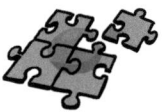

komik

i-comic

bata lego
emabloko e-lego

balok dolanan
emabloko ekwakha

boneka aksi
i-actionfigure

klambi bayi
kukhula kwemntfwana

frisbee
i-frisbee

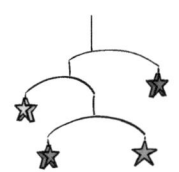

dolanan gantungan
i-mobile

dolanan meja
ibhodi yemdlalo

dadu
lidayisi

sepur dolanan
isethi yemathoyizi etitimela

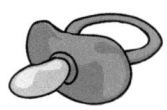

dot
i-dummy

pesta
i-party

buku gambar
incwadzi yetitfombe

bal
ibhola

boneka
nodoli

dolanan
dlala

kamar anak - likamelo lemntfwana

panggon dolanan pasir

umgodzi wemhlabatsi

ayunan

umjikeli

dolanan

emathoyizi

konsol video game

umshini wemdlalo wema-video

sepeda roda telu

masondvontsatfu

beruang teddy

umdoli welibhele

lemari sandhangan

ihhodrobhu

klambi
timphahla tekugcoka

kaos kaki

emakawosi

stoking

ema-stockings

kathok singset

umtjopi

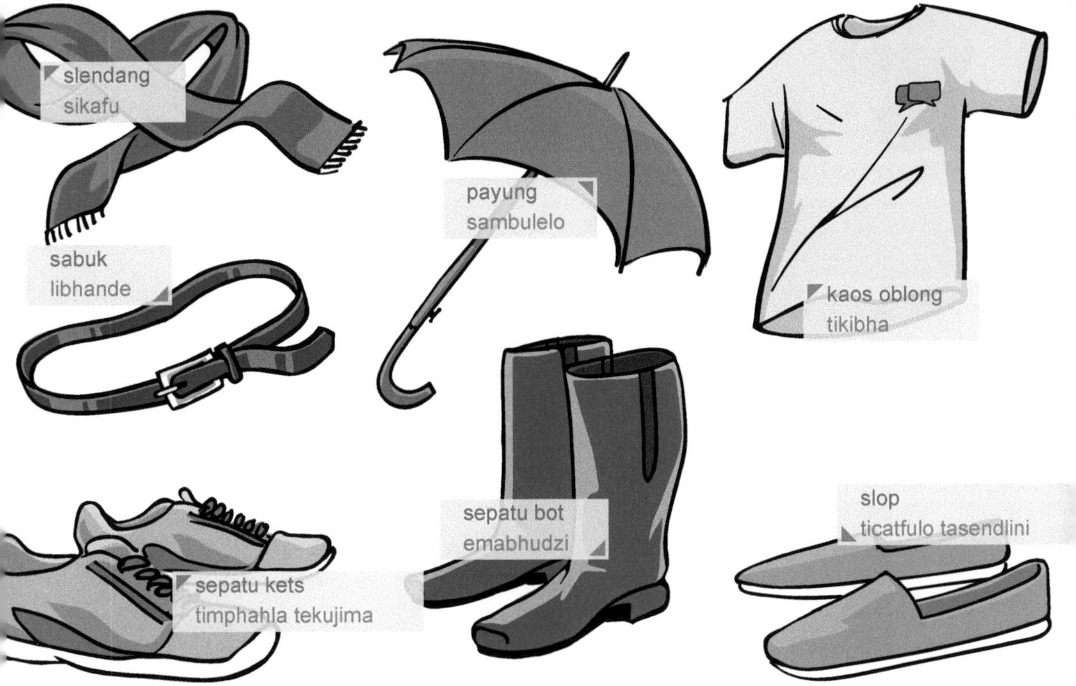

slendang
sikafu

payung
sambulelo

kaos oblong
tikibha

sabuk
libhande

sepatu bot
emabhudzi

slop
ticatfulo tasendlini

sepatu kets
timphahla tekujima

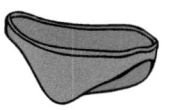

sandal
tincabule

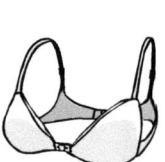

sepatu
ticatfulo

sepatu bot karet
emabhudzi emvula

sempak
emabhuluko angephansi

kutang
ibhodi

rompi
i-vest

klambi - timphahla tekugcoka

awak
umtimba

kathok
emabhuluko

kathok jins
ibhokathi

rok
sikedi

blus
liblawosi

klambi
liyembe

jaket nganggo kudung
i-pullover

sweter
i-hoodie

blezer
libhantji

jaket
silamba

mantel
lijazi

jas udan
lijazi lemvula

kostum
i-costume

gaun
lilogo

gaun manten
likogo lemshado

setelan
isudi

klambi kanggo turu
i-gown yasebusuku

piyama
emabhijamu

kain sari
i-sari

kudung
sikafu

serban
i-turban

cadar
i-burqa

kaftan
i-kaftan

abaya
i-abaya

klambi kanggo nglangi
timphahla tekududa

kathok renang
ema-anda

kathok cekak
emabhuluko lamafishane

klambi trening
i-treksudi

celemek
liphinifa

sarung tangan
emaglavu

benik
inkinobho

kacamata
tibuko

gelang
buhlalu

kalung
umgaco

ali-ali
indandatho

anting-anting
emacici

peci
likepisi

gantungan mantel
i-hanger yelijazi

topi
sigcoko

dasi
thayi

slerekan
iziphu

helem
sivikelo senhloko

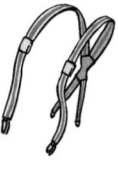

bretel
kwekusekela sitfo semtimba

sragam sekolah
timphahla tesikolwa

sragam
inyunifomu

oto
i-bib

dot
i-dummy

popok
linabukeli

kantor
lihhovisi

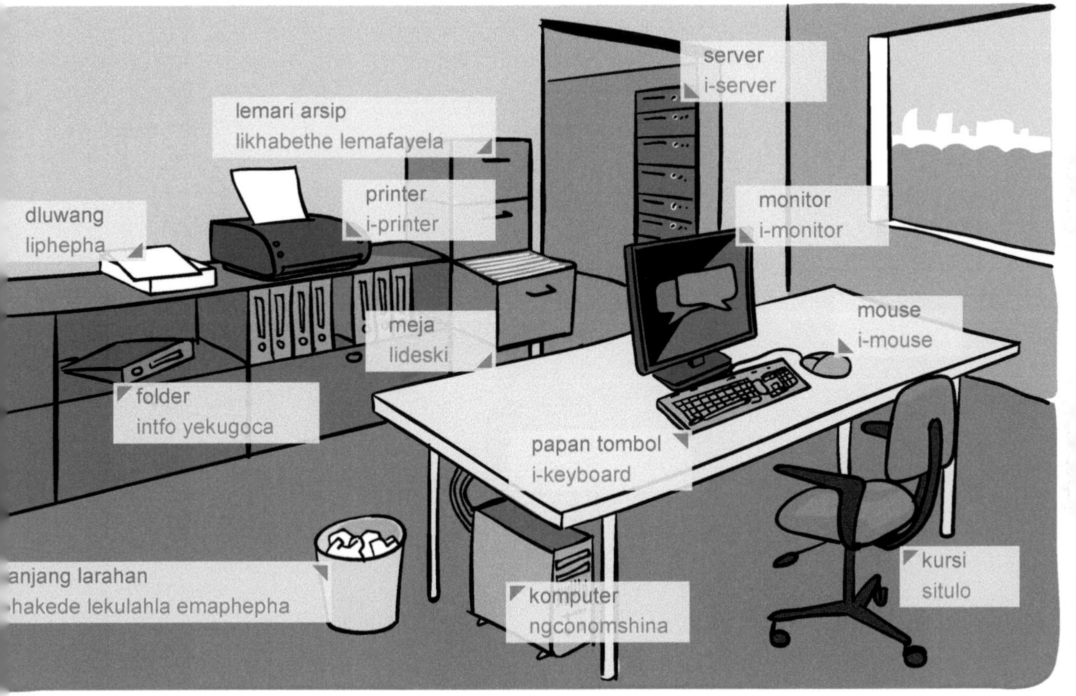

- lemari arsip — likhabethe lemafayela
- printer — i-printer
- server — i-server
- monitor — i-monitor
- dluwang — liphepha
- meja — lideski
- mouse — i-mouse
- folder — intfo yekugoca
- papan tombol — i-keyboard
- kursi — situlo
- anjang larahan — hakede lekulahla emaphepha
- komputer — ngconomshina

cangkir kopi
likomishi lelikofi

kalkulator
i-calculator

internet
i-inthanethi

laptop
i-laptop

surat
incwadzi

pesen
umlayeto

HP
i-mobile

jaringan
i-network

mesin fotokopi
umshini wekwenta emakhophi

software
i-software

telpon
lucingo

colokan
liplaliki lagesi

mesin faksimili
umshini wekufeksa

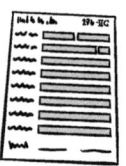
blangko
lifomu

dokumen
liphepha

ekonomi
umnotfo

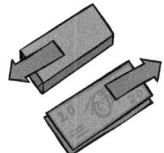
tuku
tsenga

mbayar
bhadala

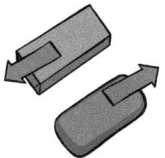
bebakulan
beka imali

duit
imali

dolar
li-dollar

euro
li-euro

yen
li-yen

rubel
li-rouble

franc Swiss
i-Swiss franc

yuan renminbi
i-renminbi yuan

rupe
i-rupee

cash point
umshini wemali

kantor pertukaran duit mancanegara
i-bureau de change

emas
ligolide

perak
lisiliva

minyak
woyela

energi
emandla

rego
linani

kontrak
sivumelwano

pajek
umtselo

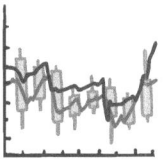

saham
sitoko

kerjo
sebenta

pegawe
sisebenti

juragan
umcashi

pabrik
ifemu

toko
sitolo

ekonomi - umnotfo

gawean
tikhundla

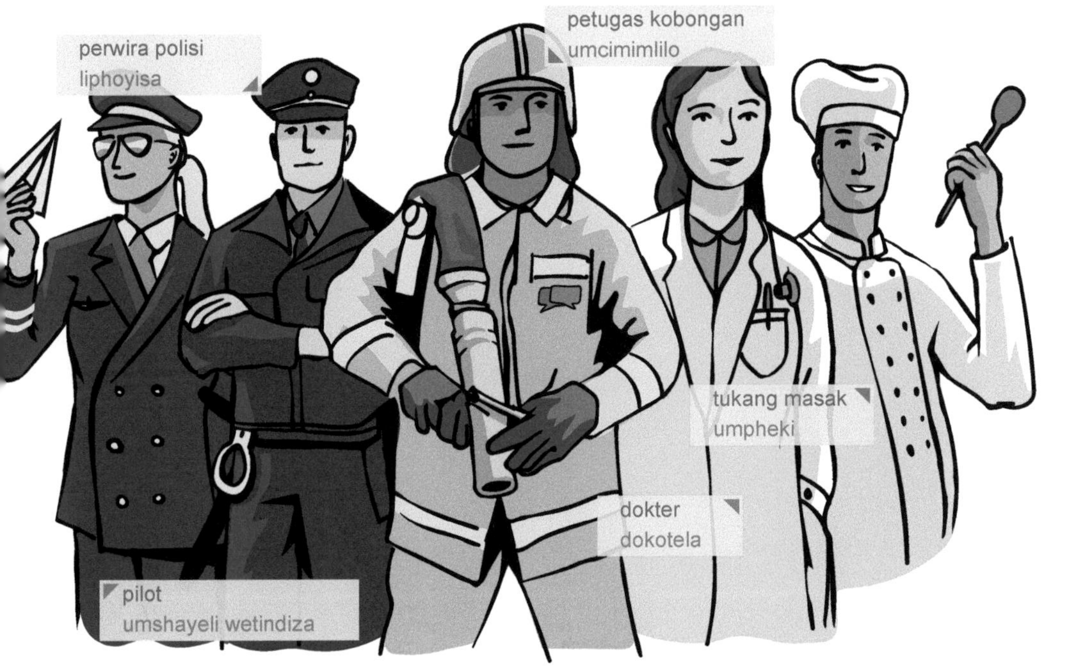

perwira polisi
liphoyisa

petugas kobongan
umcimimlilo

tukang masak
umpheki

dokter
dokotela

pilot
umshayeli wetindiza

tukang kebon

losebenta engadzini

tukang kayu

ummbati

tukang jahit

umtfungi

hakim

mehluleli

ahli kimia

khemisi

aktor

umlingisi

gawean - tikhundla

sopir bis	sopir taksi	nelayan
umshayeli webhasi	umshayeli wekhumbi	umdvobi

tukang reresik	tukang pasang gendheng	laden
limedi	umfuleli	waiter

pamburu	pelukis	tukang roti
umtingeli	mapendani	umbhaki

tukang listrik	tukang mbangun	insinyur
gesana	meselane	sonjiniyela

jagal	tukang ledeng	tukang pos
umtsengisi wenyama	somaphayiphi	lohambisa liposi

tentara
lisotja

arsitek
umdvwebi wemapulani

kasir
umtsengisi

bakul kembang
umtsengisi wetimbali

juru rambut
losebenta ngetinwele

kondektur
umbhidisi

mekanik
mekhenikha

kapten
kaputeni

dokter untu
dokotela wematinyo

ilmuwan
sosayensi

rabbi
rabi

imam
imam

biksu
monk

pandhita
umfundisi

alat
emathulusi

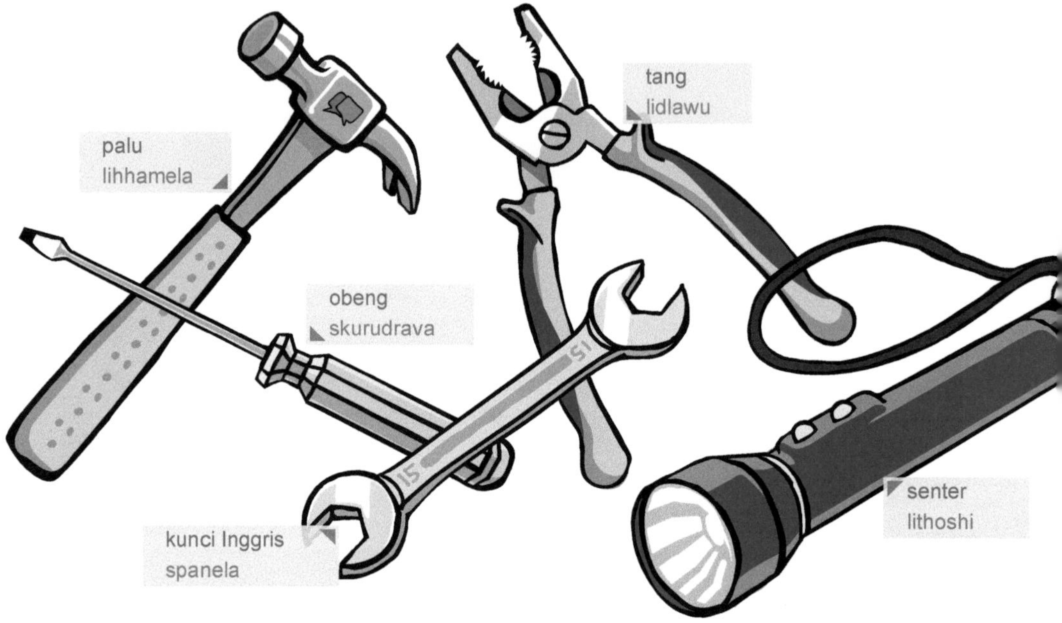

palu
lihhamela

tang
lidlawu

obeng
skurudrava

kunci Inggris
spanela

senter
lithoshi

mesin kerukan
lifosholo

wadah perkakas
libhokisi lemathulusi

andha
lilele

graji
lisaha

paku
tipikili

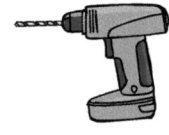

bur
umshini wekwenta timbobo

ndandani
lungisa

sekop
lifosholo

Bajigur!
i-Damni!

serok
lipani lekuwola tibi

kaleng cat
likani lapende

sekrup
tikruzi

alat musik
insimbi yemculo

sak set tambur
ikhithi yemadramu

speker
sipika lesikhulu

gitar
lugitali

bass dobel
lugitali lolukhulu

trompet
i-trumpet

piano
i-piano

biola
ivayolini

bass
ibhesi

timpani
i-timpani

tambur
emadramu

keyboard
i-keyboard

saksofon
i-saxohone

suling
ifluthi

mikropon
umbhobho

alat musik - insimbi yemculo

kebon kewan
i-zoo

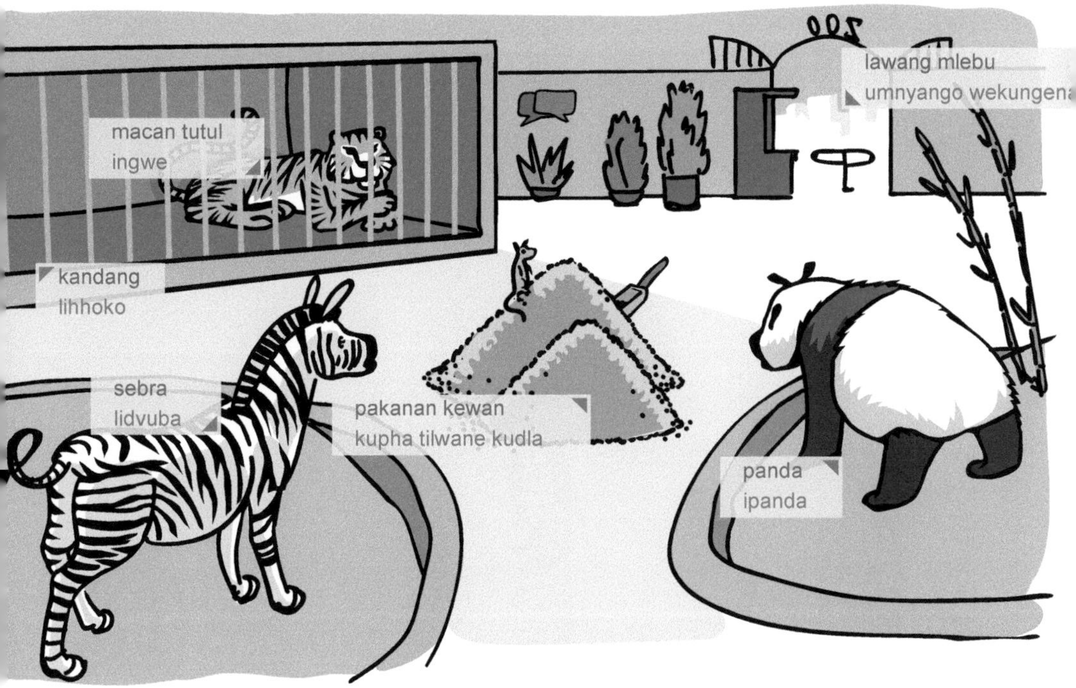

macan tutul
ingwe

lawang mlebu
umnyango wekungena

kandang
lihhoko

sebra
lidvuba

pakanan kewan
kupha tilwane kudla

panda
ipanda

kewan
tilwane

gajah
indlovu

kanguru
ikangaru

badak
bhejane

gorila
igorila

beruang
libhele

unta
likamela

manuk unta
i-ostrishi

singa
libhubesi

kethek
imfene

flamingo
i-flamingo

bethet
iparoti

beruang kutub
libhele

pinguin
iphejini

hiu
shaka

merak
iphigogo

ula
inyoka

baya
ingwenya

juru kunci kebon kewan
umgcini tilwane

singa segara
isili

jaguar
i-jaguar

jaran poni
poni

macan tutul
ingwe

kuda nil
imvubu

jrapah
indlulamitsi

garudha
lusweti

celeng
ingulube yesiganga

iwak
imfishi

bulus
lifundvu

walrus
i-warasi

rubah
jakalazi

kidang
inyamatane

kebon kewan - i-zoo

olahraga
temidlalo

bal-balan Amerika
libhola letinyawo laseMelika

sepedahan
umdlalo wemabhayisikili

tenis
itenesi

basket
i-basketball

nglangi
kududa

tinju
umdlalo wetibhakela

hoki es
umdlalo waselichweni

bal-balan
libhola letinyawo

badminton
i-badminton

atletik
tingijimi

bal tangan
libhola letandla

ski
umdlalo wekuntjuza

polo
i-polo

kegiatan
imisebenti

mencolot / gcuma
ngrangkul / gona
ngguyu / hleka
mlaku / hamba
nembang / hlabela
ndonga / thantaza
ngambung / cabuza
ngimpi / liphupho

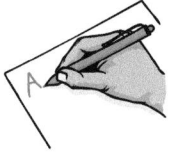

nulis
bhala

nggambar
tsatsa

nuduhake
khombisa

mencet
fuca

menehi
nika

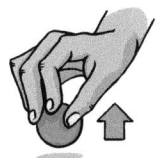

njupuk
tsatsa

duweni
tsatsa

nindakake
yenta

yaiku
be

ngadek
sukuma

mlayu
gijima

narik
dvonsa

nguncalake
jika

tiba
wani

ngapusi
cala emanga

ngenteni
mani

nggawa
tsatsa

lungguh
hlala

klamben
yembatsa

turu
lala

tangi
vuka

kegiatan - imisebenti

 ndheleng / buka	 nangis / khala	 ngelus / shaya
 njungkati / kama	 ngomong / khuluma	 mangerteni / condza
 takon / buta	 ngrungoake / lalela	 ngombe / natsa
 mangan / dlani	 ngrapiake / gcogca	 nrisnani / tsandza
 masak / pheka	 nyopir / shayela	 mabur / ndiza

kegiatan - imisebenti

nglayar
ntjuza

itung
bala

maca
fundza

sinau
fundza

kerjo
sebenta

ngrabi
shada

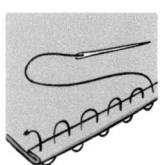
njahit
tfunga

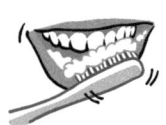
nyikat untu
kugeza ematinyo

mateni
bulala

ngrokok
bhema

ngirim
tfumela

kegiatan - imisebenti

keluarga
umndeni

- mbah putri / gogo
- mbah kakung / mkhulu
- bapak / babe
- ibu / make
- bayi / umntfwana
- anak wedok / indvodzakati
- anak lanang / indvodzana

tamu
sivakashi

bu lik
anti

pak lik
malume

dulur lanang
umnaketfu

dulur wadon
sisi

awak
umtimba

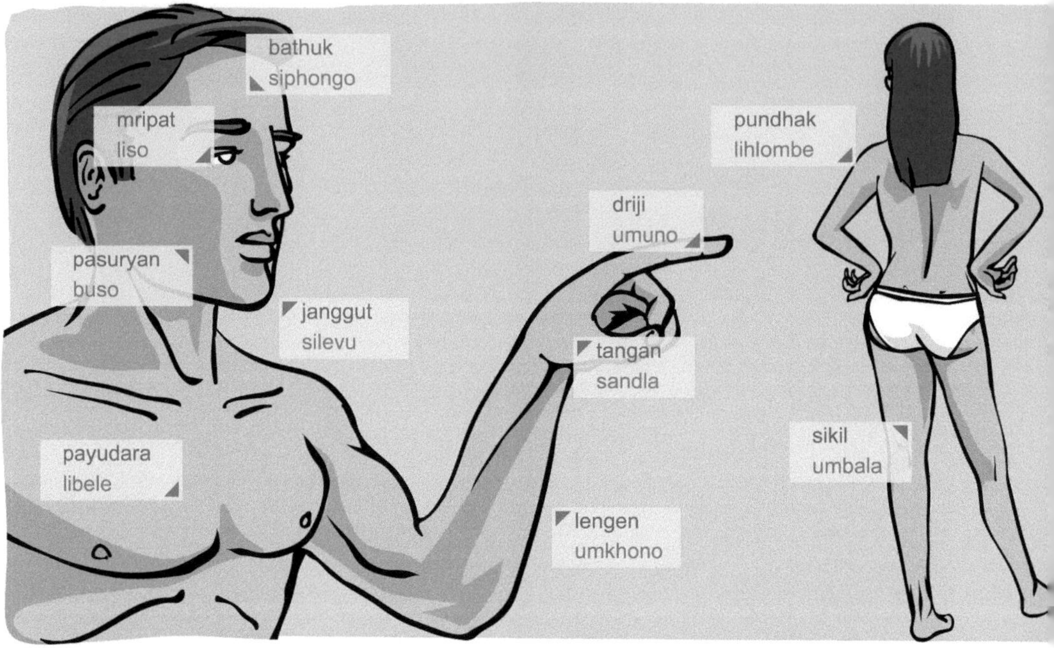

bathuk
siphongo

mripat
liso

pundhak
lihlombe

pasuryan
buso

driji
umuno

janggut
silevu

tangan
sandla

payudara
libele

sikil
umbala

lengen
umkhono

bayi

umntfwana

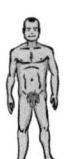

lanang

indvodza

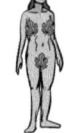

wadon

umfati

bocah wadon

intfombatane

bocah lanang

umfana

sirah

inhloko

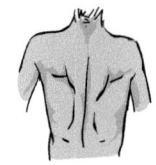

geger
emuva

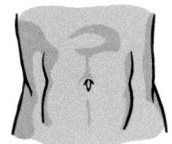

weteng
umkhatjana

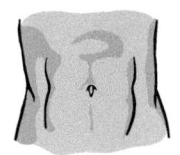

puser
sibhono

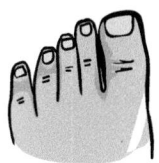

driji sikil
luzwane

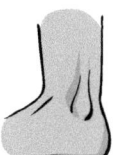

tungkak
sitsendze

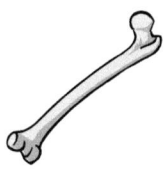

balung
litsambo

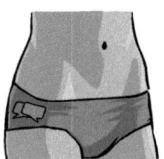

panggul
litsanga

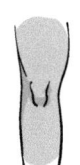

dengkul
lidvolo

sikut
ingcosa

irung
imphumulo

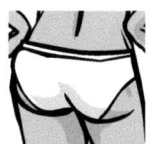

bokong
entansi

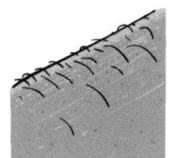

kulit
sikhumba

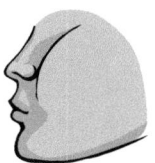

pipi
sihlatsi

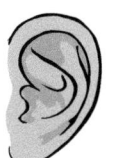

kuping
indlebe

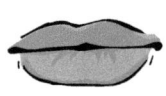

lambe
indzebe

lisan
umlomo

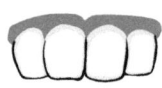

untu
litinyo

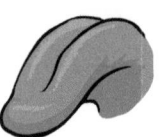

ilat
lilimi

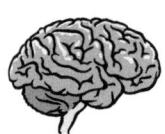

uteg
bucopho

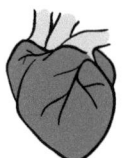

jantung
inhlitiyo

otot
umsipha

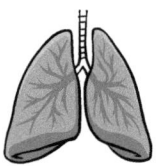

paru
liphaphu

ati
sibindzi

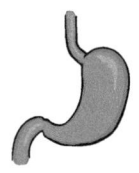

garba
sisu

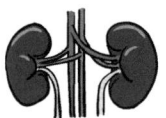

ginjel
tinso

sanggama
kulalana

kondom
lijazi lemkhwenyana

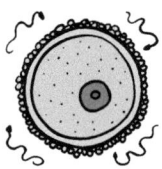

ovum
licandza lentalo

mani
sidvodza

mbobot
kukhulelwa

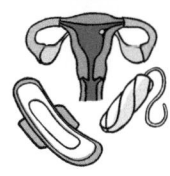

haid
kuya esikhatsini

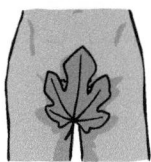

vagina
ligolo

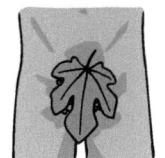

zakar
umpipi

alis
inkhophe

rambut
lunwele

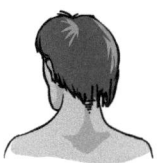

gulu
intsamo

griya sakit
sibhedlela

griya sakit
sibhedlela

ambulans
i-ambulensi

kursi roda
situlo semasondvo

bentet
kwephuka kwelitsambo

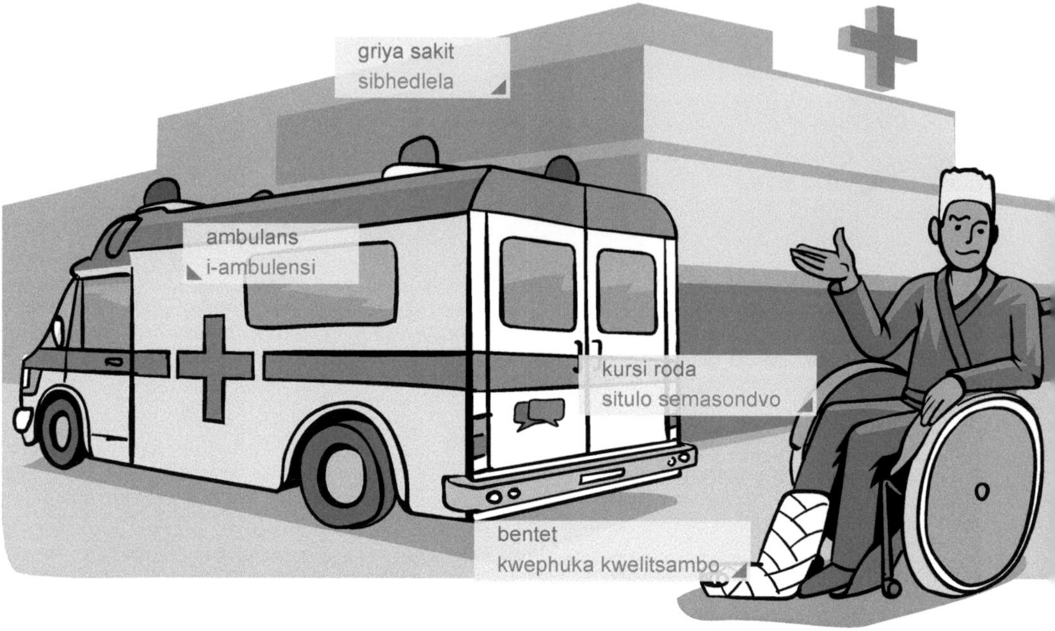

dokter
dokotela

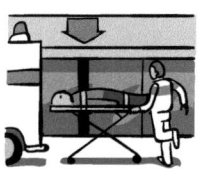

kamar gawat darurat
ligumbi letimo
letiphutfumako

perawat
nesi

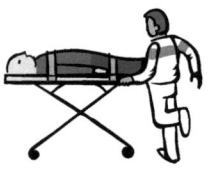

dharurat
simo lesiphutfumako

ora sadar
kucaleka

linu
buhlungu

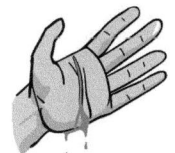

tatu
kulimala

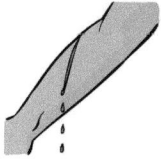

getihen
kopha

serangan jantung
kuhlaselwa sifo senhlitiyo

setruk
kufa luhlangotsi

alergi
i-aleji

watuk
kukhwehlela

ngelu
kushisa

pilek
umkhuhlane

diare
kusheka

mumet
kubulawa yinhloko

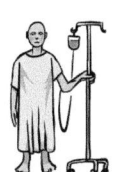

kanker
umdlavuza

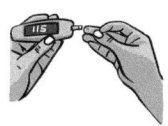

diabetes
kuba nashukela

ahli bedah
dokotela

lading bedah
umukhwa wekusika
wabodokotela

operasi
kusikwa

griya sakit - sibhedlela

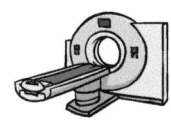
CT
i-CT

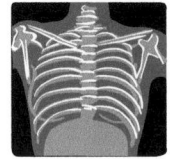
sinar x
i-x ray

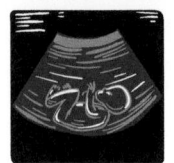
USG
umsindvo

masker
sifonyo

penyakit
sifo

kamar nunggu
ligumbi lekulindza

pitulung
indvuku yekuhamba

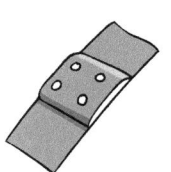
perban
i-plaster

perban
ibhandishi

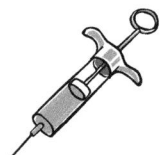
suntik
umjovo

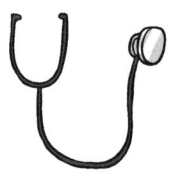
stetoskop
lithulusi labodokotela lekulalela inhlitiyo

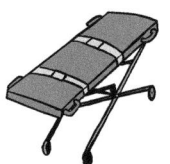
tandu
luhlaka

termometer klinik
kwekuhlola lizinga lemuntfu lekushisa

lair
kutalwa

kalemon
kunona kakhulu

griya sakit - sibhedlela

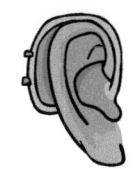

alat bantu dengar
insita tekuva etindlebeni

disinfektan
sibulali magciwane

infeksi
kwesuleleka ngesifo

virus
ligciwane

HIV/AIDS
i-HIV / AIDS

obat
umutsi

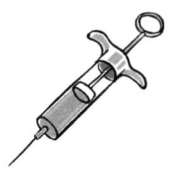
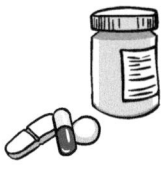

vaksinasi
kugoma

tablet
emaphilisi

pil
liphilisi

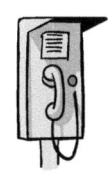

nomer telpon darurat
lucingo loluphutfumako

ngukur tensi getih
sicaphi semfutfo wengati

lara / waras
gula / umcemane

griya sakit - sibhedlela

dharurat
simo lesiphutfumako

alarem
i-alamu

sergap
kuhlukumeta

serangan
kuhlasela

bebaya
ingoti

lawang metu dharurat
umnyango wekuphuma nakuphutfuma

alat mateni geni
sicishamlilo

kacilakan
ingoti

Kobongan!
Umlilo

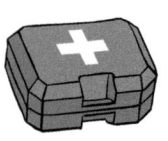

pitulungan wiwitan
ikhidi yelusito lwekucala

SOS
SOS

polisi
emaphoyisa

Tulung!
Lusito!

bumi
Umhlaba

Eropa

i-Europe

Amerika Lor

iNyakatfo YeMelika

Amerika Kidul

iNingizimu YeMelika

Afrika

i-Afrika

Asia

i-Asia

Australia

i-Australia

Atlantik

i-Atlantic

Pasifik

i-Pacific

Samudra Hindia

i-Idian Ocean

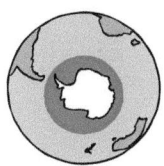

Samudra Antartika

i-Antarctic Ocean

Samudra Arktik

i-Arctic Ocean

Kutub Lor

Ligumbi laseNyakatfo

Kutup Kidul	Antarktika	bumi
Ligumbi laseNingizimu	iAntarctica	Umhlaba

daratan	segara	pulau
indzawo	lwandle	sichingi
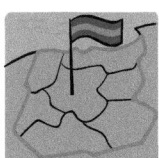	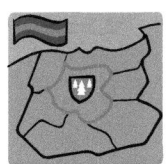	
bangsa	negara	
sive	umbuso	

jam
liwashi

layar jam
buso beliwashi

dom jam
li-awa

dom menit
imizuzu

dom detik
imizuzwana

Jam piro saiki?
sikhatsi sini nyalo?

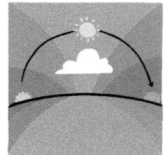

dina
lusuku

wektu
sikhatsi

saiki
nyalo

jam digital
liwashi lesimanjemanje

menit
umzuzu

jam
li-awa

minggu
liviki

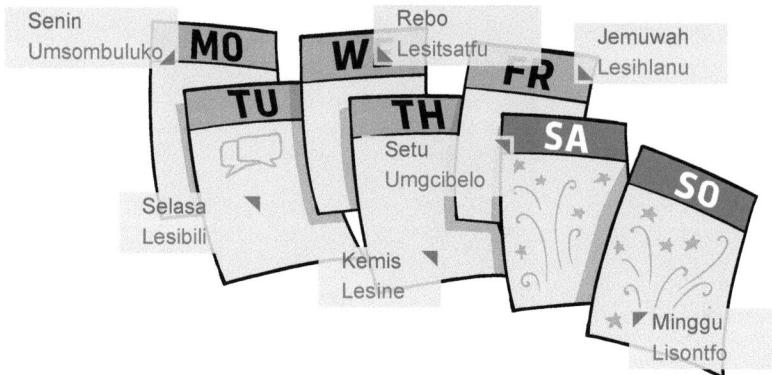

Senin / Umsombuluko
Selasa / Lesibili
Rebo / Lesitsatfu
Kemis / Lesine
Setu / Umgcibelo
Jemuwah / Lesihlanu
Minggu / Lisontfo

wingi
itolo

saiki
lamuhla

sesuk
kusasa

esuk
ekuseni

awan
emini

bengi
entsambama

dina kerja
emalanga emsebenti

akhir minggu
imphelasontfo

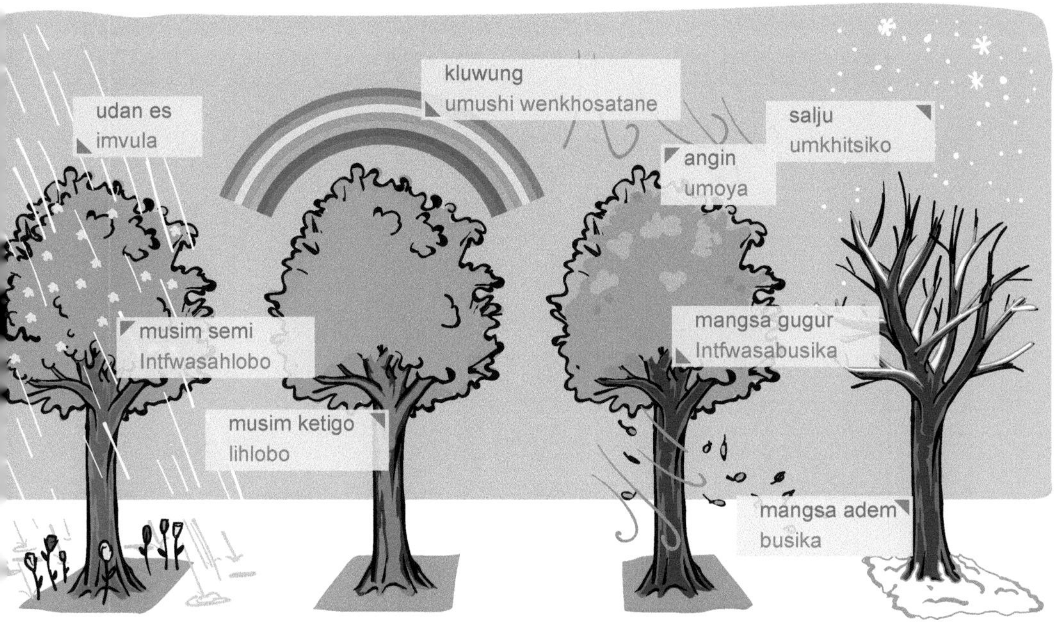

tahun
umnyaka

udan es
imvula

kluwung
umushi wenkhosatane

salju
umkhitsiko

angin
umoya

musim semi
Intfwasahlobo

musim ketigo
lihlobo

mangsa gugur
Intfwasabusika

mangsa adem
busika

ramalan cuaca
simo selitulo

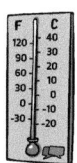

termometer
kwekuhlola lizinga lekushisa

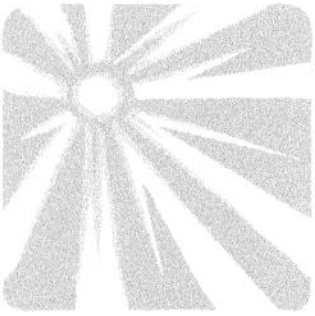

srengenge
kubalela

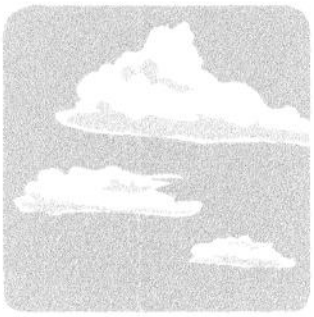

mendhung
emafu

kabut
inkhungu

kelembapan
umswakamo

tahun - umnyaka

kilat
umbane

bledheg
umbane

badai
kudvuma lobunebungoti

udan es
sangcotfo

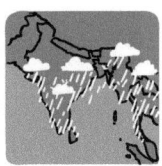
muson
inyeti

banjir
tikhukhula

es
lichwa

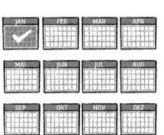
Januari
Bhimbidvwane

Februari
Indlovana

Maret
Indlovulenkhulu

April
Mabasa

Mei
Inkhwenkhweti

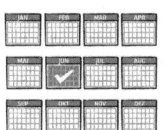
Juni
Inhlaba

Juli
Kholwane

Agustus
Ingci

tahun - umnyaka

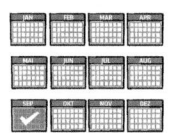
September
Inyoni

Oktober
Imphala

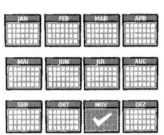
Nopember
Lweti

Desember
Ingongoni

wangun
kubumbeka kwetintfo

bunder
indingiliza

kuadrat
sikwele

segi papat
umdvwebo lonetinhlangotsi letindze letilinganako

segi telu
ncantsatfu

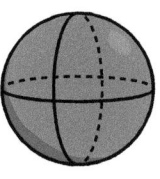
bal
i-sphere

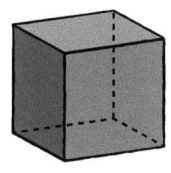
kubus
ikhiyubhu

warna
imibala

putih
kumhlophe

kuning
phuti

oranye
sheli

jambon
kupinki

abang
kubovu

ungu
kunsomi

biru
luhlata

ijo
luhlata njengetjani

coklat
loku-brown

abu-abu
mtfubi

ireng
mnyama

kontras
lokwehlukile

akeh / sithik
kunyenti / kuncane

nesu / kalem
kutfukutsela / kwehlisa umoya

ayu / elek
buhle / bubi

pawitan / pungkasan
sicalo / siphetfo

gede / cilik
bukhulu / buncane

padhang / peteng
kukhanya / bumnyama

sedulur lanang / sedulur wadon
bhuti / sisi

resik / reged
kuhloba / kungcola

pepak / ora pepak
kuphelela / kungapheleli

awan / bengi
imi / busuku

mati / urip
kufa / kuphila

jembar / sempit
kubanti / kuncane

kontras - lokwehlukile

iso dipangan / ora iso dipangan
lokudliwako / lokungadliwa

ala / becik
inhlitiyo lembi / umusa

seneng / bosen
kutsakasa / kudvumala

lemu / kuru
sidudla / umcondvo

pisanan / pungkasan
kwekucala / kwekugcina

kanca / musuh
umngani / sitsa

kebak / kosong
kugcwala / kute lutfo

atos / empuk
kucina / kutsamba

abot / enteng
kusindza / kulula

luwe / wareg
kulamba / koma

lara / waras
gula / umcemane

illegal / legal
kungabi semtsetfweni / kuba semtsetfweni

pinter / bodo
kuhlakanipha / bulima

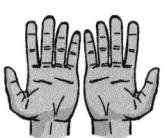

kiwa / tengen
sencele / sekudla

cedhak / adoh
dvutane / khashane

anyar / lawas

lokusha / lokudzala

ora ana / ana

kute lutfo / kunalokutsite

tuwa / enom

budzala / busha

urip / mati

uyasebenta / akusebenti

buka / tutup

kuvulekile / kuvalekile

anteng / rame

kuthula / umsindvo

sugeh / mlarat

kunjinga / kuphuya

bener / salah

kulungile / akukalungi

kasar / alus

kuyahhedla / kuyashelela

susah / seneng

kuva buhlungu / kujabula

cendhak / dawa

kufishane / kudze

alon / banter

kunwabuka / kushesha

teles / garing

kumanti / komile

anget / adem

kufutfumele / kusivuvu

perang / tentrem

imphi / kuthula

kontras - lokwehlukile   87

angka
tinombolo

0
nol
indilinga

1
siji
kunye

2
loro
kubili

3
telu
kutsatfu

4
papat
kune

5
limo
sihlanu

6
enem
sitfupha

7
pitu
sikhombisa

8
wolu
siphohlongo

9
songo
yimfica

10
sepuluh
lishumi

11
sewelas
lishumi nakunye

12
rolas
lishumi nakubili

13
telulas
lishumi nakutsatfu

14
patbelas
lishumi nakune

15
limolas
lishumi nesihlanu

16
nembelas
lishumi nesitfupha

17
pitulas
lishumi nesikhombisa

18
wolulas
lishumi nesiphohlongo

19
songolas
lishumi nemfica

20
rong puluh
emashumi lamabili

100
satus
likhulu

1.000
sewu
inkhulungwane

1.000.000
sak yuto
sigidzi

angka - tinombolo

basa-basa
tilwimi

basa Inggris
Singisi

basa Inggris Amerika
Singisi saseMelika

basa Cina Mandarin
SiMandarini seseShayina

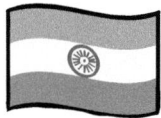
basa Hindi
SiHindi

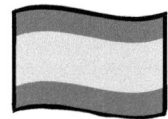
basa Spanyol
Sipanishi

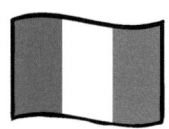
basa Prancis
SiFulentji

basa Arab
Si-Arabu

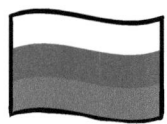
basa Rusia
SiRashiya

basa Portugis
SiPhuthukezi

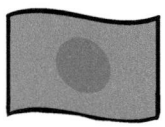
basa Bengali
SiBhengali

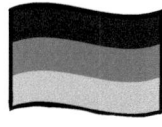
basa Jerman
SiJalimane

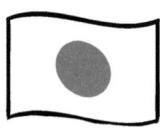
basa Jepang
SiJapane

sapa / apa / piye
ngubani / ini / njani

aku
Mine

kowe
wena

dheweke
yena / yona

kita
tsine

kowe kabeh
nine

dheweke kabeh
bona

sapa?
bani?

apa?
ini?

piye?
njani?

neng endi?
kuphi?

kapan?
nini?

jeneng
libito

neng endi
kuphi

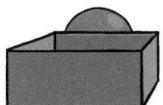

mburi
ngemuva

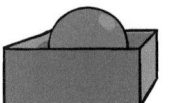

ing jero
ekhatsi

ing ngarep
embi kwe

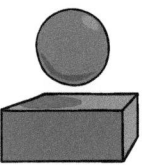

ing dhuwure
ngenhla

ing
etulu

ing ngisore
ngephansi

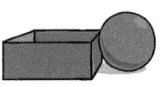

sisih
eceleni

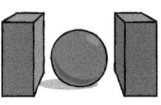

antarane
emkhatsini

panggonan
indzawo